Colección
Grandes títulos

CW00741836

La vida es sueño
Calderón de la Barca

Adaptación de Eduardo Galán Font

Nivel
B1

edelsa
GRUPO DIDASCALIA, S.A.

Director de la colección:
Alfredo González Hermoso.

Adaptador de *La vida es sueño*: Eduardo Galán Font.

La versión adaptada sigue la edición de *La vida es sueño*, de
Pedro Calderón de la Barca, editorial Cátedra, S.A.,
edición de Ciriaco Morón, Madrid, 1990.

Primera edición: 2015.
Segunda impresión: 2017

© Edelsa Grupo Didascalia, S.A. Madrid, 2015.
Dirección y coordinación editorial: Departamento de Edición de Edelsa.
Diseño de cubierta: Departamento de Imagen de Edelsa.
Diseño y maquetación interior: Estudio Grafimarque, S.L.

ISBN: 978-84-9081-704-9
Depósito legal: M-717-2015

Impreso en España/*Printed in Spain*

ÍNDICE

Calderón de la Barca
VIDA Y OBRA

1600 Nace en Madrid en una familia rica. Estudia con los jesuitas en Madrid. Más tarde se traslada a estudiar a Alcalá y a Salamanca.

1623 Estrena sus primeras comedias. Es un escritor monárquico: en todas sus obras, defiende el ideal de la monarquía. Escribe muchas comedias para representarse en el palacio del rey, como había hecho anteriormente Lope de Vega.

1640 Participa, a las órdenes del conde-duque de Olivares, primer ministro del rey Felipe IV, en la guerra contra Cataluña. Sus obras, a partir de esta fecha, son más barrocas, más recargadas, personales, profundas y de mayor calidad dramática. Son obras de una gran trascendencia filosófica. Las más conocidas son: *La vida es sueño, El alcalde de Zalamea* y *El gran teatro del mundo*.

1651 Se hace sacerdote. Toda su vida había sido un hombre de profunda fe católica. Vive durante unos años en Toledo. Es nombrado capellán de honor del rey y vuelve a Madrid.

1681 Muere en Madrid. Calderón es, junto a Lope de Vega, uno de los dos más importantes autores del teatro barroco español del siglo XVII. Hoy en día se conservan 120 comedias, 80 autos sacramentales y 20 obras menores.

Material complementario
aulavirtual
www.edelsa.es

Jornada primera

Escena I

(En lo alto de un monte está Rosaura, mujer vestida de hombre).

Rosaura: *(Hablando a su caballo).* Mal caballo, ¿por qué te desbocas[1] y te despeñas[2]? ¡Estate quieto ya! ¡Casi me matas! Polonia[3] *(dirigiéndose al país al que llega)*, qué mal recibes a un extranjero, que me he caído del caballo al entrar en tu país. ¡Qué mala suerte la mía!

Clarín: No te olvides de mí cuando te quejes[4]. También yo vengo contigo a este país y también yo me he caído del caballo.

Rosaura: No he querido, Clarín, quejarme por ti, para que tú puedas quejarte de tus propias penas. Quejarse, decía un filósofo, ayuda a vencer la tristeza.

Clarín: Ese filósofo era un borracho. ¡Ojalá alguien le diera mil bofetadas[5]! Así se podría quejar. Pero, dime, señora, ¿qué haremos ahora, perdidos y solos, en este monte? Está a punto de anochecer.

Rosaura: Me parece que veo un edificio.

Clarín: O el miedo me engaña o yo también lo veo.

---

1 desbocar: perder el control.
2 despeñar: rodar por el suelo desde lo alto de la montaña.
3 Polonia: país europeo al que llega Rosaura con su criado Clarín.
4 quejarse: llorar.
5 bofetada: golpe en la cara con la mano abierta.

Rosaura: Entre las rocas[6] se ve un pequeño palacio rodeado de piedras y peñascos[7].

Clarín: En lugar de mirarlo, acerquémonos. Tal vez sus habitantes puedan ayudarnos.

Rosaura: La puerta está abierta. No se ve nada. Todo está muy oscuro.

(Suena ruido de cadenas).

Clarín: *(Asustado).* ¡Qué es lo que escucho, cielos!

Rosaura: Estate quieto. No te muevas.

Clarín: Suena una cadena. Seguro que es el fantasma de un galeote[8]. Me muero de miedo.

Escena II

Voz de Segismundo: *(Viene del interior del pequeño palacio).* ¡Ay, mísero[9] de mí, ay, infeliz!

Rosaura: ¿Oyes, Clarín, esa voz tan triste? Tendremos más penas y desgracias.

Clarín: ¡Qué miedo! ¡Ayyyyyy!

Rosaura: ¡Clarín! ¡No seas cobarde!

Clarín: ¡Señora!

Rosaura: Será mejor que huyamos de las desgracias de esta torre encantada[10] cuanto antes.

---

6 roca: piedra muy grande.
7 peñasco: roca grande y elevada.
8 galeote: delincuente condenado a remar en galeras o barcos de la época.
9 mísero: pobre o triste. Lamentación de dolor por su propia situación.
10 encantado: embrujado, mágico.

Clarín: Me tiemblan de miedo las piernas y no puedo huir.

Rosaura: ¡Quieto! ¡Espera! ¿No ves una pequeña luz en la oscuridad? ¡Qué tenebrosa[11] se ve la habitación con esa luz tan débil! Parece una prisión oscura y dentro hay un hombre encarcelado[12]. Escuchemos lo que dice.

(Se ve a Segismundo, vestido con pieles y atado con una cadena. Lleva una vela que le ilumina).

Segismundo: *(Hablando solo al cielo[13])*. ¡Ay, mísero de mí, ay, infeliz! ¡Quiero saber, cielos, qué delito[14] hice contra vosotros cuando nací, ya que me tratáis de esta manera[15]! Aunque si nací, ya entiendo qué delito he hecho. Pues el mayor delito del hombre es haber nacido. Solo quiero saber ahora, para comprender mi situación, en qué más he podido ofenderos, puesto que me castigáis más que a los demás. ¿No nacieron los demás? Pues si los demás nacieron, ¿por qué disfrutan de privilegios[16] que jamás tuve yo? Nace el ave y vuela con libertad por los cielos. ¿Y teniendo yo más alma que un ave tengo menos libertad? Nace el toro y la necesidad le enseña a ser cruel. ¿Y teniendo yo mejor instinto[17] tengo menos libertad? Nace el pez,

---

11 tenebroso: que causa temor o miedo.

12 encarcelado: encerrado en una cárcel, prisionero.

13 Se trata de un intenso monólogo de Segismundo en torno al derecho que tiene, como ser humano, de disfrutar de la libertad.

14 delito: acción en contra de la ley.

15 me tratáis de esta manera: reprocha a los cielos su encierro en la prisión y la crueldad o dureza con que es tratado.

16 privilegio: ventaja.

17 instinto: conducta innata y no aprendida de los animales.

que vive en medio del mar y de los ríos, ¿y yo, con más albedrío[18], tengo menos libertad? Nace el arroyo[19], que entre las flores y los montes corre hasta el mar, ¿y teniendo yo más vida tengo menos libertad? Y llegando a este inmenso dolor, quiero gritar mi angustia[20]. ¿Qué justicia puede negar a un hombre el derecho a la libertad cuando Dios le ha dado la libertad a un arroyo, a un pez, a un toro y a un ave?

1.

Versión original del texto anterior

Segismundo:
¡Ay, mísero de mí, ay, infelice!

Apurar, cielos, pretendo,
ya que me tratáis así
qué delito cometí
contra vosotros naciendo;
aunque si nací, ya entiendo
qué delito he cometido.
Bastante causa ha tenido
vuestra justicia y rigor;
pues el delito mayor
del hombre es haber nacido.

Solo quisiera saber
para apurar mis desvelos
(dejando a parte, cielos,
el delito de nacer),
qué más os pude ofender
para castigarme más.
¿No nacieron los demás?
Pues si los demás nacieron,
¿qué privilegios tuvieron
que yo no gocé jamás?

---

18   albedrío: capacidad para ser libre.
19   arroyo: río pequeño.
20   angustia: dolor.

Nace el ave, y con las galas
que le dan belleza suma,
apenas es flor de pluma
o ramillete con alas,
cuando las etéreas alas
corta con velocidad,
negándose a la piedad
del nido que deja en calma;
¿y teniendo yo más alma,
tengo menos libertad?

Nace el bruto, y con la piel
que dibuja manchas bellas,
apenas signo de estrellas
(gracias al docto pincel),
cuando, atrevida y cruel,
la humana necesidad
le enseña a tener crueldad,
monstruo de su laberinto;
¿y yo, con mejor instinto,
tengo menos libertad?

Nace el pez, que no respira,
aborto de ovas y lamas,
y apenas, bajel de escamas,
sobre las ondas se mira,
cuando a todas partes gira,
midiendo la inmensidad
de tanta capacidad
como le da el centro frío;
¿y yo, con más albedrío,
tengo menos libertad?

Nace el arroyo, culebra
que entre flores se desata,
y apenas, sierpe de plata,
entre las flores se quiebra,
cuando músico celebra

de las flores la piedad
que le dan la majestad
del campo abierto a su huida;
¿y teniendo yo más vida
tengo menos libertad?

En llegando a esta pasión,
un volcán, un Etna hecho,
quisiera sacar del pecho
pedazos del corazón.
¿Qué ley, justicia o razón,
negar a los hombres sabe
privilegio tan suave,
excepción tan principal,
que Dios le ha dado a un cristal,
a un pez, a un bruto y a un ave?

Rosaura: Sus quejas me dan miedo y pena.

Segismundo: ¿Quién está ahí? ¿Eres Clotaldo?

Clarín: *(A Rosaura).* Dile que sí.

Rosaura: Soy un hombre triste que está escuchando tus palabras melancólicas[21].

Segismundo: *(Agarrando a Rosaura).* ¡Entonces te mataré para que no conozcas mis tristezas! Por haberme oído, te voy a despedazar[22] con mis manos.

Clarín: Yo estoy sordo y no he podido escucharte.

Rosaura: Si eres un hombre, me arrodillaré ante ti para que me dejes libre.

Segismundo: ¿Quién eres? Aunque yo sé poco del mundo, sé que esta torre ha sido mi cuna[23] y será mi

---

21   melancólico: triste, lleno de nostalgia.
22   despedazar: hacer pedazos, romper.
23   cuna: se refiere al lugar en el que ha nacido Segismundo, es decir, a la torre aislada del mundo o prisión en la que vive solo, cuidado por Clotaldo.

tumba[24]. Desde que nací, vivo en esta prisión y jamás he hablado con ningún hombre. Solo con Clotaldo. Cuanto más te miro, más quiero mirarte.

Rosaura: También me sorprende a mí verte y oírte en esta prisión en medio del monte. Creo que el cielo me ha guiado[25] hasta ti para demostrarme que hay otro ser más desdichado[26] que yo. Mis desgracias son muy pequeñas al lado de las tuyas. Y por si acaso[27] mis penas pueden aliviarte[28], óyelas atento. Yo soy…

Escena III

(Se oyen voces de soldados).

Voz de Clotaldo: ¡Guardias[29]! ¿Cómo habéis permitido el paso a estos dos hombres? ¿Estabais dormidos o habéis sido cobardes?

Rosaura: ¿Qué voces son esas?

Segismundo: Es Clotaldo, el hombre que me cuida.

Voz de Clotaldo: ¡Soldados, venid aquí! ¡Vamos, detenedles[30] o matadles antes de que puedan defenderse!

Voz de soldados: ¡Traición!

---

24 tumba: lugar en el que entierran a una persona cuando muere.
25 guiar: conducir, llevar.
26 desdichado: infeliz, desgraciado, triste.
27 por si acaso: en caso de que.
28 aliviar: hacer que sufra menos.
29 guardia: soldado, policía.
30 detener: coger preso.

Clarín: Ya que podemos elegir entre detenernos o matarnos, es más fácil detenernos. ¡Yo me rindo[31]!

(Entra Clotaldo, con escopeta[32], seguido de soldados, todos ellos con las cabezas tapadas, para que Segismundo no los pueda ver).

Clotaldo: *(A los soldados).* ¡Tapaos la cara, que nadie os reconozca!

Clarín: ¿Tapaditos, eh?

Clotaldo: ¡Vosotros! ¿No sabíais que está prohibido llegar a este lugar por orden del rey? ¡Entregad las armas o disparo!

Segismundo: No les hagas daño si no quieres que me despedace a mí mismo con las manos y con los dientes.

Clotaldo: ¡Calla, Segismundo y vuelve dentro! Conoces tu destino y sabes que es el cielo el que te encierra[33]. ¿Por qué te quejas? *(A los soldados).* ¡Encerradle en la prisión!

(Encierran a Segismundo).

Voz de Segismundo: ¡Cielos! ¡Qué bien hacéis en quitarme la libertad! Porque sería contra vosotros un gigante[34], que os haría daño.

Clotaldo: Quizá para que no vayas contra el cielo, hoy tienes tantos sufrimientos.

---

31   rendirse: acción de entregar las armas al enemigo y ponerse a sus órdenes.
32   escopeta: arma de fuego para disparar, fusil.
33   encerrar: tener cerrado, encarcelar, sin posibilidad de salir a la calle.
34   gigante: en la mitología, hombre de gran tamaño y mucha fuerza.

Escena IV

Rosaura: Ten piedad[35] de nosotros.

Clarín: Yo también te pido que no nos hagas nada.

Clotaldo: ¡Soldados!

Soldados: ¡Señor!

Clotaldo: ¡Quitadles las armas y tapadles los ojos, para que no vean cómo ni de dónde salen!

Rosaura: Toma mi espada en señal de rendición[36].

Clarín: Tomadla de una vez.

Rosaura: Si voy a morir, quiero que guardes esta espada, porque esconde algún secreto misterioso de quien un día la ciñó[37]. Confiando en esta espada, vengo a Polonia a vengarme de una ofensa[38].

Clotaldo: *(Al ver la espada).* ¡Santo cielo! ¿Qué es esto? *(Para sí mismo).* ¡Qué confusiones más grandes! *(A Rosaura).* ¿Quién te dio la espada?

Rosaura: Una mujer.

Clotaldo: ¿Cómo se llama?

Rosaura: No puedo decir su nombre.

Clotaldo: ¿Por qué dices que esta espada tiene un secreto?

Rosaura: Quien me la dio me dijo: «Ve a Polonia e intenta que vean la espada los señores principales del país, que yo sé que alguno de ellos te ayudará».

---

35 piedad: compasión o pena.
36 rendición: acción de entregar las armas al enemigo en señal de sumisión o respeto.
37 ceñir: llevar una espada.
38 ofensa: insulto público y conocido por los demás.

Clotaldo: *(En aparte[39], a sí mismo).* ¡Válgame el cielo[40]! ¿Qué escucho? Esta espada fue la que le dejé a la hermosa Violante como señal: aquel que la llevara sería mi hijo y yo debería recibirle como padre. ¡Ay de mí! ¿Qué debo hacer? El que la trae está sentenciado[41] a muerte por haber entrado en la cárcel, incumpliendo la orden del rey. ¡Qué triste confusión, qué destino tan trágico! Este es mi hijo. ¿Qué debo hacer? Llevarle al rey es llevarle a la muerte. Y si no le llevo, traiciono[42] al rey. Pero ¿por qué dudo? ¿La lealtad[43] al rey no es antes que la vida y el honor[44]? Además ha dicho que viene a vengarse de una ofensa… Y si está ofendido[45], es un infame[46] y no puede ser mi hijo. Pero si se ha atrevido a venir a Polonia para vengar la ofensa que ha recibido… ¡Es valiente! ¡Es mi hijo y tiene mi sangre, pues tiene valor! Ya sé lo que debo hacer. Iré a ver al rey y le diré que es mi hijo y que lo mate. Quizá así el rey podría perdonarle la vida. Y entonces yo podría ayudarle a vengarse de su ofensa. Pero si el rey le da muerte, morirá sin saber que yo soy su padre. *(A Rosaura y a Clarín).* Extranjeros, ¡venid conmigo!

(Se van de escena).

---

39 en aparte: lo que el personaje piensa, pero no oyen los demás personajes.
40 válgame el cielo: expresión de asombro.
41 sentenciado: condenado.
42 traicionar: aquí, engañar.
43 lealtad: fidelidad, amor o gratitud.
44 honor: dignidad o cualidad moral, respetabilidad.
45 ofendido: el que ha recibido una ofensa.
46 infame: persona sin honor.

2.

Clotaldo:
(Aun no sé determinarme
si tales sucesos son
ilusiones o verdades.
Esta espada es la que yo
dejé a la hermosa Violante,
por señas que el que ceñida
la trajera había de hallarme
amoroso como hijo
y piadoso como padre.
¿Pues qué he de hacer, ¡ay de mí!,
en confusión semejante,
si quien la trae por favor,
para su muerte la trae,
pues que sentenciado a muerte
llega a mis pies? ¡Qué notable
confusión! ¡Qué triste hado!
¡Qué suerte tan inconstante!
Éste es mi hijo, y las señas
dicen bien con las señales
del corazón, que por verle
llama al pecho y en él bate
las alas, y no pudiendo
romper los candados, hace
lo que aquel que está encerrado,
y oyendo ruido en la calle
se arroja por la ventana,
y él así, como no sabe
lo que pasa, y oye el ruido,
va a los ojos a asomarse,
que son ventanas del pecho
por donde en lágrimas sale.
¿Qué he de hacer? ¡Válgame el cielo!
¿Qué he de hacer? Porque llevarle
al rey, es llevarle, ¡ay, triste!,

a morir. Pues ocultarle
al rey, no puedo, conforme
a la ley del homenaje.
De una parte el amor propio,
y la lealtad de otra parte
me rinden. Pero ¿qué dudo?
La lealtad del rey, ¿no es antes
que la vida y que el honor?
Pues ella vida y él falte.
Fuera de que, si ahora atiendo
a que dijo que a vengarse
viene de un agravio, hombre
que está agraviado es infame.
No es mi hijo, no es mi hijo,
ni tiene mi noble sangre.
Pero si ya ha sucedido
un peligro, de quien nadie
se libró, porque el honor
es de materia tan frágil
que con una acción se quiebra,
o se mancha con un aire,
¿qué más puede hacer, qué más
el que es noble, de su parte,
que a costa de tantos riesgos
haber venido a buscarle?
Mi hijo es, mi sangre tiene,
pues tiene valor tan grande;
y así, entre una y otra duda
el medio más importante
es irme al rey y decirle
que es mi hijo que le mate.
Quizá la misma piedad
de mi honor podrá obligarle;
y si le merezco vivo,
yo le ayudaré a vengarse
de su agravio, mas si el rey,

en sus rigores constante,
le da muerte, morirá
sin saber que soy su padre).
Venid conmigo, extranjeros,
no temáis, no, de que os falte
compañía en las desdichas;
pues en duda semejante
de vivir o de morir
no sé cuáles son más grandes.

Escena V

(Entra por un lado Astolfo, acompañado de soldados, y por el otro lado del escenario entra Estrella, acompañada de sus damas. Suena la música).

Astolfo: ¡Qué ojos tan bellos brillan en tu cara, hermosa Estrella!

Estrella: No me gustan los halagos[47], Astolfo. Prefiero las buenas acciones.

Astolfo: ¿Por qué dudas de mis palabras? Te ruego que me escuches. Eustorgio III falleció[48] y dejó como nuevo rey de Polonia a su hijo Basilio. Tuvo también Eustorgio III dos hijas: tu madre y la mía. Tu madre fue la mayor y mi madre fue la segunda, que se casó en Moscovia, en donde yo nací. Basilio,

---

47   halago: palabra exageradamente positiva que se dice a una persona para ganar su afecto.
48   fallecer: morir.

como sabes, enviudó[49] sin hijos y ya es mayor para volverse a casar. En fin, tú y yo queremos heredar el trono[50] de Polonia. Tú crees que tienes más derecho por ser hija de la hermana mayor. Y yo por haber nacido varón[51]. Los dos le explicamos a nuestro tío nuestros deseos de ser su heredero[52] y él nos respondió que quería lo mejor para los dos. Estoy de acuerdo y deseo que tú seas reina y también mi esposa.

Estrella: Me gustaría creer en tus palabras.

Astolfo: ¿Y no las crees?

Estrella: No.

Astolfo: ¿Por qué?

Estrella: Por ese retrato que llevas colgado al pecho.

Astolfo: Luego te lo explico, que ahí viene el rey.

Escena VI

(Suena música. Entran el rey Basilio, viejo, y su acompañamiento).

Basilio: Sobrinos, abrazadme. *(Se abrazan).* Me gusta veros alegres. Creedme que los dos quedaréis contentos con mi decisión. Pero antes os pido que me escuchéis en silencio. *(Dirigiéndose a la corte de Polonia y a sus sobrinos).* Estad atentos todos, amados sobrinos, corte

---

49 enviudar: morir el esposo o la esposa.
50 heredar el trono: ser los siguientes reyes.
51 varón: hombre.
52 heredero: el que recibe los bienes de la persona que muere. En este texto, *heredero* es el que será rey de Polonia.

ilustre de Polonia, vasallos[53], familiares y amigos. Ya sabéis que he dedicado mi tiempo al estudio de las ciencias de los astros[54] y de las leyes que nos permiten pronosticar[55] el futuro. Si estudiamos el orden y el movimiento de las estrellas y del Sol en el cielo, podemos conocer los hechos del futuro. Os revelaré[56] misterios que estaban escritos en las estrellas y que causarán vuestra admiración. Como recordaréis, mi esposa tuvo un hijo que, al nacer, le dio muerte en el parto. Los presagios[57] se cumplieron. Los cielos se oscurecieron, temblaron los edificios, cayeron piedras de las nubes y los ríos salpicaron sangre. Con estos signos nació Segismundo, que dio muerte a su madre al nacer. En aquel momento comprendí que Segismundo sería el hombre más terrible y el rey más cruel del mundo. Comprendí que el reino sería más pobre y estaría dividido. Y vi también que un día me traicionaría[58]. Decidí entonces encerrar al recién nacido en una prisión para evitar que los presagios se cumplieran. Dije que mi hijo había nacido muerto. Construí una torre en medio de la montaña para que nadie pudiera verla. Y ordené que nadie se acercara si no quería ser condenado a muerte. Allí Segismundo vive, mísero, pobre y cautivo[59].

---

53   vasallo: forma antigua de designar a los ciudadanos, que debían obediencia al rey.
54   astros: las estrellas, el Sol, los planetas.
55   pronosticar: adivinar.
56   revelar: contar hechos desconocidos.
57   presagio: información que anticipa el futuro como algo cierto, aunque no esté basado en la razón.
58   traicionar: cometer traición, fallar a alguien o abandonarlo.
59   cautivo: preso.

Solo Clotaldo le ha hablado y le ha visto. Él le ha enseñado ciencias y le ha educado en la religión católica. Os cuento todo esto para anunciaros tres cosas: la primera, que yo, Polonia, os aprecio tanto que os he querido librar de un rey tirano[60]. La segunda, que no es católico privar[61] de libertad a mi hijo por creer que él podría ser un tirano. Y la tercera y última, que pienso que los presagios no pueden obligar a ser violento a Segismundo. Por todo ello, he decidido traer mañana a mi hijo a palacio, ponerle en mi trono, sin que él sepa nada, y que, en mi lugar, os gobierne y os mande. Todos le juraréis obediencia. Nada temáis[62]. Si él se muestra violento, le devolveré a la cárcel como castigo. Y entonces nombraré herederos de mi corona a mis dos sobrinos. Casándose, serán los dos reyes de Polonia. Esto como rey os mando. Esto como padre os pido. Esto como anciano[63] os digo.

Astolfo: Te digo, en nombre de todos, que venga aquí Segismundo, pues es tu hijo.

Todos: Danos al príncipe nuestro, que ya por rey lo queremos.

Basilio: Gracias por vuestra confianza.

Todos: ¡Viva el gran rey Basilio!

(Se van todos. Antes de que se vaya el rey, entran Clotaldo, Rosaura y Clarín. Clotaldo para al rey).

---

60 tirano: cruel e injusto.
61 privar: quitar.
62 nada temáis: no tengáis miedo.
63 anciano: viejo.

Escena VII

Clotaldo: ¿Puedo hablarte?

Basilio: ¡Clotaldo, seas bienvenido!

Clotaldo: Esta vez quiero rogarte que rompas la costumbre de tu ley.

Basilio: ¿Qué sucede?

Clotaldo: Una desgracia, señor, aunque podría haber sido la mayor de mis alegrías.

Basilio: Sigue.

Clotaldo: Este joven, atrevido y sin saber, entró en la torre, señor. Allí ha visto al príncipe... Y es...

Basilio: No te asustes, Clotaldo. Si hubiera pasado otro día, confieso que lo sentiría. Pero he contado ya el secreto de Segismundo a todos los ciudadanos y no importa que él lo sepa. Ven a verme luego, que tengo que hablarte de muchas cosas. Y a estos presos los perdono.

(El rey sale de escena).

Clotaldo: ¡Vivas, gran señor, mil siglos!

Escena VIII

Clotaldo: *(En aparte, para sí mismo).* ¡Qué suerte! Ya no tengo que decir que es mi hijo. *(A Rosaura y a Clarín).* Extranjeros, estáis libres.

Rosaura: Beso vuestros pies mil veces[64].

---

64 beso vuestros pies: forma de dar las gracias de forma muy exagerada.

Clarín: Y yo los viso[65], que una letra más o menos carece de importancia.

Rosaura: Señor, me has dado la vida. Y, como gracias a ti vivo, seré eternamente tu esclavo[66].

Clotaldo: Toma tu espada para que con ella puedas vengarte de tu enemigo. Porque una espada que ha sido mía *(dándose cuenta de que está revelando su secreto, cambia el sentido de la frase)*, digo que ha sido mía en este rato, sabrá vengarte.

Rosaura: En tu nombre me la ciño y juro que me vengaré[67], aunque mi enemigo sea el más poderoso del mundo.

Clotaldo: ¿Tan poderoso es tu enemigo?

Rosaura: Tanto que no te lo digo.

Clotaldo: Dímelo y te ayudaré cuanto pueda. *(En aparte, para sí mismo)*. ¡Oh, si supiera quién es!

Rosaura: Mi enemigo es Astolfo, el duque de Moscovia.

Clotaldo: *(En aparte, para sí mismo)*. ¡Qué mal! ¡El hombre más poderoso del reino! *(A Rosaura)*. Si eres moscovita, Astolfo no ha podido ofenderte. Regresa a tu patria y no busques vengarte de tu señor[68].

Rosaura: Aunque sea mi príncipe, me ha ofendido.

Clotaldo: No pudo ofenderte, aun en el caso de golpearte. *(En aparte, para sí mismo, muy preocupado)*. ¡Ay, cielos!

---

65 viso: término sin significado real en esta frase, puesto que Clarín juega con los verbos *besar* y *visar*.

66 seré eternamente tu esclavo: forma expresiva para dar las gracias prometiendo amistad y lealtad eternas por haberle salvado la vida.

67 vengarse: producir una ofensa o daño a alguien como respuesta a otro.

68 En el código del honor del teatro español del siglo XVII los reyes y príncipes no ofenden al pueblo.

Rosaura: Este vestido que llevo puesto tiene un secreto, porque no es de quien parece… Y si yo no soy lo que parezco por este vestido y, si Astolfo ha venido a casarse con Estrella, dime si ha podido ofenderme o no… Creo que ya te lo he dicho y que lo habrás entendido.

(Rosaura y Clarín se van).

Clotaldo: ¡Escucha, espera, detente! *(Para sí mismo).* Mi honor es el ofendido, el enemigo es muy poderoso, yo soy vasallo y mi hijo es una mujer deshonrada por Astolfo… ¡No sé cómo ayudar a mi hija en esta situación!

Jornada segunda

(Entran en escena el rey Basilio y Clotaldo).

Clotaldo: Majestad, he hecho todo lo que me has ordenado.

Basilio: ¿Y cómo ha ido?

Clotaldo: Fui a su cárcel con el brebaje[69] que ordenaste preparar, esa mezcla de hierbas dormideras[70] que adormece a quien lo bebe. Me puse a hablar con él de la naturaleza y, mientras hablábamos, le di la pócima[71] para que la bebiera. Inmediatamente perdió sus fuerzas y se quedó dormido en el más grande de los sueños. Los hombres de confianza llegaron para llevarlo hasta tu cuarto. Allí le acostaron en tu cama. Ahora está dormido. Cuando Segismundo se despierte, tienen orden de obedecerle como a ti mismo. Y dime: ¿para qué hemos traído dormido a Segismundo a palacio?

Basilio: Las influencias de las estrellas le amenazan desde su nacimiento con mil desgracias y tragedias. Estoy convencido de que las señales del cielo son

---

69 brebaje: bebida con poderes curativos o mágicos.
70 hierbas dormideras: té que hace dormir.
71 pócima: brebaje, es decir, bebida con poderes curativos.

ciertas, según me han ido demostrando mis estudios durante largos años. Aun así quiero comprobar si Segismundo puede portarse bien y no cumplir los pronósticos sobre su futuro. Si actúa bien, reinará. Pero si es cruel, volverá a su cárcel.

Clotaldo: ¿Quieres devolverle a su cárcel después de saber que es tu hijo?

Basilio: Le haremos creer que todo ha sido un sueño.

Clotaldo: Creo que te equivocas. Pero ya no tiene solución. Segismundo ha despertado y viene hacia aquí.

Basilio: Yo me voy. Tú, como ayo[72] suyo, cuéntale la verdad para que salga de su confusión.

(Se van de escena los dos y entra Clarín).

Escena II

Clarín: Aunque un soldado me ha dado cuatro palos por intentar entrar en el palacio, no quiero perderme nada de lo que va a pasar.

Clotaldo: Clarín, ¿qué hay de nuevo?

Clarín: Hay cosas, señor.

Clotaldo: ¿Qué cosas?

Clarín: Hay que Rosaura, para tomar venganza, se ha vestido con su ropa de mujer.

---

72   ayo: la persona que ha cuidado desde niño a Segismundo y quien le tutela, aconseja y gobierna.

Clotaldo: Me parece bien, para que no parezca una mujer liviana[73].

Clarín: Hay que se ha cambiado de nombre.

Clotaldo: No me parece mal.

Clarín: Hay que se ha presentado como sobrina tuya y ha sido aceptada como dama de Estrella.

Clotaldo: Es valiente.

Clarín: Hay también que ella espera que tú le ayudes a vengar su honor.

Clotaldo: El tiempo dirá si la puedo ayudar.

Clarín: Hay que ella ahora está viviendo como una reina.

Clotaldo: ¿Y qué tiene eso de malo?

Clarín: Hay que, habiendo venido yo con ella, me estoy muriendo de hambre y nadie se acuerda de mí, sin darse cuenta de que soy Clarín, y que, si Clarín habla, podrá contarles al rey, a Astolfo y a Estrella lo que está pasando. Porque Clarín y el hambre no saben guardar secretos…

Clotaldo: Entiendo tu queja. Sírveme ahora a mí y no te faltará qué comer.

Clarín: ¡Ahí llega Segismundo!

Escena III

(Entran músicos cantando y criados intentando vestir a Segismundo, quien entra en escena absolutamente asombrado y sin comprender lo que le está pasando).

---

73 En aquella época la mujer vestida de hombre tenía connotaciones indecorosas, de mujer frívola.

Segismundo: ¡Cielos! ¿Qué veo? ¿Qué miro? ¿Qué es esto? ¿Dónde estoy? ¿Yo en ricos palacios? ¿Yo en salones de lujo? ¿Yo rodeado de criados elegantes? ¿Yo despertándome en una cama? ¿Yo en medio de tanta gente que trata de vestirme? Esto no es un sueño. Sé bien que estoy despierto. ¿Soy yo Segismundo o no lo soy? ¡Cielos, por favor, haced que comprenda lo que me está pasando! ¿Qué me ha pasado mientras dormía para despertarme aquí? Mientras lo entiendo, me dejaré servir y pase luego lo que tenga que pasar.

Criado 1.°: *(En aparte, al criado 2.°)*. ¡Qué confundido está!

Criado 2.°: ¿Y quién no estaría igual en su situación?

Clarín: Yo.

Criado 2.°: Háblale ya.

Criado 1.°: ¿Quieres que sigan cantando los músicos?

Segismundo: No, que no canten más.

Criado 2.°: Quería distraerte de tus penas.

Segismundo: No necesito distraerme de nada.

Clotaldo: Alteza[74], quiero besar tu mano en señal de obediencia a ti.

Segismundo: *(En aparte, para sí mismo)*. ¿Por qué me habla Clotaldo con tanto respeto cuando en la prisión me habla tan mal? ¿Qué me está pasando?

Clotaldo: Que eres el nuevo príncipe heredero de Polonia.

Segismundo: ¿Yo príncipe de Polonia?

Clotaldo: Has estado encerrado todos estos años porque tu padre temía que no podrías vencer los pronós-

---

74 alteza: tratamiento que se da a los príncipes o reyes.

ticos de las estrellas, que decían que serías violento y tirano. Pero tu padre confía en ti. Por eso te ha traído de la prisión, mientras dormías. El resto te lo contará tu padre, el rey.

Segismundo: ¡Cruel y traidor! ¿Por qué le has engañado a tu patria durante todos estos años? ¿Por qué me quitaste mi libertad y mi derecho a ser rey?

Clotaldo: ¡Ay de mí, triste!

(Segismundo se acerca amenazante a Clotaldo. Se interpone el criado 2.º).

Criado 2.º: ¡Señor!

Segismundo: ¡Que no me moleste nadie! Y tú, no me molestes, si no quieres que te tire por la ventana.

Criado 1º: ¡Huye, Clotaldo!

Clotaldo: ¡Ay de ti, que te muestras soberbio sin darte cuenta de que estás soñando!

(Clotaldo sale de escena).

Criado 2.º: Te digo…

Segismundo: ¡Apártate!

Criado 2.º: … Que Clotaldo obedeció al rey.

Segismundo: No se debe obedecer a un rey cuando ordena algo injusto.

Criado 2.º: Él no podía juzgar si la orden era justa o no.

Clarín: El príncipe lo dice muy bien y tú lo haces muy mal.

Segismundo: ¿Quién eres tú?

Clarín: Un entrometido[75], un especialista en meterse en medio de las discusiones, porque soy el mequetrefe[76] mayor que nadie haya conocido.

Segismundo: Tú eres el único de esta corte que me ha agradado.

Clarín: Señor, soy un grande agradador de todos los Segismundos.

Escena IV

(Entra en escena Astolfo. Se muestra muy amable con Segismundo).

Astolfo: ¡Buenos días, príncipe de Polonia!

Segismundo: *(Con desprecio).* Dios te guarde[77].

Astolfo: Te disculparé tu frase despectiva por no saber quién soy, pero deberías respetarme más. Yo soy Astolfo, duque de Sajonia, y tu primo.

Segismundo: Si digo que te guarde Dios, ¿en qué te falto al respeto? Para que no te quejes, la próxima vez te diré: Dios no te guarde.

Criado 2.°: Considera, príncipe, que Astolfo prefiere…

Segismundo: Y yo prefiero que me hable de otra manera.

Criado 2.°: Entre iguales tiene que haber respeto.

Segismundo: ¿Y quién eres tú para decirme lo que debo hacer?

---

75 entrometido: persona que acostumbra a participar en asuntos ajenos sin que nadie le haya preguntado nada.

76 mequetrefe: insulto humorístico, persona sin valor ni presencia.

77 Dios te guarde: expresión antigua que significa: *Dios te cuide y proteja de tus enemigos.*

Escena V

(Entra en escena Estrella).

Estrella: Bienvenido seas, príncipe, a palacio, en donde vivas feliz muchos años.

Segismundo: *(A Clarín).* ¿Quién es esta mujer?

Clarín: Es tu prima Estrella.

Segismundo: Mejor deberías decirme que es el Sol, pues es tan hermosa como una estrella e ilumina más que el Sol. Dime, Estrella, ¿qué dejas hacer al Sol si te levantas al amanecer[78]? Déjame besar tu mano.

Estrella: No debes hacerlo.

Astolfo: *(Para sí mismo).* Si le besa la mano, estoy perdido.

Criado 2.º: Debo ayudar a Astolfo. *(A Segismundo).* Señor, no está bien besar la mano de Estrella estando Astolfo aquí…

Segismundo: ¿No te he dicho que no me digas nada?

Criado 2.º: Digo solo que está mal.

Segismundo: ¡Me estás enfadando! Nada me parece mal si a mí me gusta.

Criado 2.º: Tú sabes lo que está bien y lo que está mal.

Segismundo: Y tú sabes ahora que a quien me moleste lo tiraré por la ventana.

Criado 2.º: ¡Conmigo no podrás!

Segismundo: ¿No? ¡Por Dios que voy a poder!

---

78 Esta intervención dirigida a Estrella es un piropo muy educado de Segismundo. Intenta seducir a Estrella con el halago o frases elogiosas sobre su belleza al comparar la luz de la hermosura de Estrella con la luz del Sol.

(Segismundo lo coge en brazos, sale de escena con él en brazos, todos lo siguen y vuelven a entrar).

Segismundo: ¡El criado ha caído del balcón al mar! ¡Mirad si podía o no!

Astolfo: Ten cuidado, no sea que la distancia que hay entre un hombre y un animal sea la que hay desde este palacio a una prisión en los montes.

(Se va Astolfo y entra el rey).

Escena VI

Basilio: ¿Qué ha sido eso?

Segismundo: Nada importante. Que he tirado a un criado por el balcón, porque me estaba cansando de él.

Basilio: ¿Tan pronto has matado a una persona?

Segismundo: Me dijo que con él no podría y gané la apuesta.

Basilio: Me duele saber que no estás venciendo el pronóstico de las estrellas. Acabas de hacer un crimen[79]. ¿Con qué amor podré ahora abrazarte si tus brazos están llenos de sangre por la muerte de un inocente?

Segismundo: No te preocupes, que puedo seguir viviendo sin tus abrazos como he vivido hasta hoy. ¿Qué puedo esperar de un padre que me quita de su lado y encierra en una prisión? ¿Qué puedo esperar

---

79   cometer un crimen: matar a una persona.

de un padre que me hace vivir como un monstruo y me quita la vida?

Basilio: ¡Ojalá no te la hubiera dado, pues no te escucharía ahora ni vería tus malas acciones!

Segismundo: Si no me hubieras dado la vida, no me quejaría de ti.

Basilio: ¡Qué mal me agradeces que te haya convertido en príncipe cuando vivías preso y pobre en tu torre!

Segismundo: ¿Qué tengo que agradecerte? Si te mueres, ¿me das algo más de lo que es mío? Eres mi padre y mi rey. Por lo tanto, el poder ser rey me lo da la naturaleza y la ley del reino, que hace rey al hijo del rey. Así que no tengo por qué darte las gracias. Al contrario, puedo pedirte cuentas[80] del tiempo que me has tenido encarcelado. Agradéceme a mí que no te pida cuentas.

Basilio: Eres un salvaje. El cielo ha cumplido su palabra y las estrellas han acertado con sus pronósticos. Y aunque ya sepas quién eres, te pido que seas bueno, porque tal vez estés soñando, aunque te parezca que estás despierto.

(El rey se va de escena).

3.

Versión original del texto anterior

Segismundo:
Pues en eso,
¿qué tengo que agradecerte?
Tirano de mi albedrío,
si viejo y caduco estás

---

80 pedir cuentas: reclamar.

muriéndote, ¿qué me das?
¿Dasme más de lo que es mío?
Mi padre eres y mi rey;
luego toda esta grandeza
me da la naturaleza
por derechos de su ley.
Luego, aunque esté en este estado,
obligado no te quedo,
y pedirte cuentas puedo
del tiempo que me has quitado
libertad, vida y honor;
y así, agradéceme a mí
que yo no cobre de ti,
pues eres tú mi deudor.

Basilio:
Bárbaro eres y atrevido;
cumplió su palabra el cielo;
y así, para él mismo apelo,
soberbio, desvanecido.
Y aunque sepas ya quién eres,
y desengañado estés,
y aunque en un lugar te ves
donde a todos te prefieres,
mira bien lo que te advierto:
que seas humilde y blando,
porque quizá estás soñando,
aunque ves que estás despierto.

Segismundo: No puedo estar soñando, porque toco las cosas y sé lo que he sido y lo que soy ahora. No podrás quitarme mi derecho a heredar la corona de Polonia. Si acepté la prisión, era porque no sabía quién era. Ahora ya sé quién soy, mitad hombre y mitad animal.

Escena VII

(Entra Rosaura, vestida de mujer).

Rosaura: *(En aparte, para sí misma).* Vengo siguiendo a Estrella y me da miedo encontrarme con Astolfo.

Clarín: *(A Segismundo).* ¿Qué es lo que más te ha gustado de lo que hoy has visto en palacio?

Segismundo: Nada. O sí… La belleza de la mujer. Había leído en los libros muchas cosas sobre la belleza de las mujeres… Pero en realidad son mucho más hermosas.

Rosaura: El príncipe está aquí. Yo me voy.

Segismundo: ¡Espera, mujer, no te muevas!

Rosaura: Dime.

Segismundo: Yo te he visto otra vez.

Rosaura: ¿No estarás confundido?

Segismundo: ¿Sabes que me debes obediencia por ser tu príncipe? Dime quién eres, bella mujer.

Rosaura: *(En aparte, para sí misma).* Tengo que disimular. *(A Segismundo).* Soy una infeliz dama de Estrella.

Segismundo: ¿Infeliz? No digas eso, que jamás he visto una dama que viva junto a una estrella y que brille más que ella. Eres la mujer más hermosa que he visto en mi vida. No puedes ser infeliz[81].

---

81 Segismundo, en esta intervención, vuelve a admirarse por la belleza de una mujer, en esta ocasión, por la de Rosaura, vestida de mujer. Hasta ahora solo la había visto vestida de hombre y no la reconoce. Por eso le dice piropos o se dirige a ella elogiando su belleza.

Escena VIII

(Entra Clotaldo en escena, pero se queda escondido sin que le vean).

Clotaldo: Voy a detener a Segismundo, que al fin y al cabo yo le he criado. Pero ¿qué veo?

Rosaura: *(A Segismundo).* No sé qué decirte, señor. Mejor callar que hablar. *(Inicia la salida, pero Segismundo la detiene).*

Segismundo: Espera, no te vayas.

Rosaura: Te pido que me des permiso de irme, alteza.

Segismundo: Irse de esa manera no es pedir permiso, sino tomártelo.

Rosaura: Si no me lo das, me lo tomaré.

Segismundo: Harás que, en lugar de educado, sea grosero contigo.

Rosaura: No lo serás.

Segismundo: Hoy he tirado por ese balcón a un hombre que decía que no podía hacerlo. También podría tirar tu honor por la ventana.

Clotaldo: *(En aparte, para sí mismo).* ¿Qué debo hacer cuando mi honor por segunda vez corre peligro?

Rosaura: Con razón los pronósticos decían que podrías ser un tirano con tu reino. Me pareces cruel y salvaje.

Segismundo: Si me hablas así, no seré educado contigo. Dejadnos solos y que no entre nadie.

(Sale Clarín).

Rosaura: *(En aparte, para sí misma).* ¡Me muero!…

Segismundo: Soy tirano y pretendes mandarme…

Clotaldo: *(En aparte, para sí mismo).* ¡Oh, qué lance[82] tan fuerte! ¡Saldré a impedirlo, aunque me mate! *(Se deja ver. A Segismundo).* Señor, escucha, mira.

Segismundo: Por segunda vez me enfadas, viejo loco. ¿Cómo has entrado?

Clotaldo: He oído sus voces *(señalando a Rosaura).* Debes ser pacífico[83], si deseas reinar. Podría ser que todo fuera un sueño.

Segismundo: Me enfadas cuando me hablas del sueño. Te daré muerte y veré si es un sueño o si es verdad.

(Al ir a sacar el puñal, Clotaldo le sujeta la mano y se arrodilla).

Clotaldo: ¡No lo hagas, señor!

Segismundo: ¡Suéltame la mano!

Clotaldo: No te soltaré hasta que alguien venga a defenderme.

Rosaura: ¡Ay, cielos!

Segismundo: Suelta, viejo loco, o te mato *(luchan).*

Rosaura: ¡Venid todos, rápido, que matan a Clotaldo!

(Rosaura sale de escena para buscar ayuda. Entra Astolfo a la vez que Clotaldo cae al suelo. Astolfo se interpone entre Segismundo y Clotaldo).

Escena IX

Astolfo: ¿Qué haces, príncipe? ¡Guarda tu espada!

---

82 lance: amenaza, peligro, juego.
83 pacífico: que no usa la violencia, buena persona.

Segismundo: Primero mataré a este viejo.

Astolfo: ¡No lo harás! Que yo estoy aquí para defenderle.

Segismundo: ¡Defiéndete a ti mismo, pues también voy a matarte a ti!

Astolfo: Defendiendo mi propia vida, no te ofendo por luchar contigo, príncipe.

(Sacan las espadas. Entran el rey Basilio y Estrella).

Escena X

Basilio: ¿Qué significa esta pelea de espadas?

Estrella: ¡Astolfo!

Basilio: ¿Qué ha pasado?

Astolfo: Nada, señor.

(Guardan las espadas).

Segismundo: Mucho, señor. He querido matar a ese viejo.

Basilio: ¿No le tienes respeto?

Segismundo: Tengo que vengarme de la forma injusta que me has criado.

(Segismundo sale de escena).

Basilio: Antes de que puedas hacerlo, volverás a dormir y pensarás que todo esto ha sido un sueño.

(Se van el rey y Clotaldo. Quedan en escena Estrella y Astolfo).

Escena XI

Astolfo: ¡Qué pocas veces las estrellas se confunden cuando predicen[84] desgracias! A Segismundo le predijeron desdichas y se han cumplido. A mí, bienes y males. En los males, aciertan. En los bienes, se equivocan, pues contemplo tu extrema belleza y no escucho ninguna palabra amable tuya.

Estrella: No creo tus halagos. Serán para la dama del retrato que trajiste colgado en el cuello cuando llegaste.

(Entra Rosaura, sin dejarse ver. Se esconde para oír lo que dicen).

Escena XII

Astolfo: Ese retrato no significa nada. Tu imagen y hermosura están en el interior de mi pecho. Voy a traerte el retrato y te darás cuenta de que digo la verdad. *(En aparte, para sí mismo).* Perdona, Rosaura hermosa, esta ofensa.

(Astolfo sale de escena).

Rosaura: *(En aparte, para sí misma).* No he podido oírle. *(Se deja ver).*

Estrella: ¡Astrea!

Rosaura: Señora mía.

---

84   predecir: avisar de lo que sucederá en el futuro.

Estrella: Me alegra verte. Quiero contarte un secreto.

Rosaura: Me alegra tu confianza.

Estrella: Mi primo Astolfo se va a casar conmigo. Pero me preocupa que llegó el primer día con el retrato de una dama colgado a su pecho. Le pregunté por el retrato y ha ido a buscarlo. Quédate aquí. Cuando llegue, le dirás que te lo entregue a ti. No te digo más. Eres discreta[85] y hermosa. Bien sabrás lo que es el amor.

(Estrella se va).

Escena XIII

Rosaura: *(Sola en escena, mostrando sus pensamientos).* ¡Dios bendito! ¿Habrá en el mundo alguna mujer más triste que yo? ¿Dónde encontraré alegrías que me consuelen? Cada cosa que me pasa es un motivo más de tristeza. ¡Ay de mí! ¿Qué debo hacer cuando me vea Astolfo? Si digo quién soy, Clotaldo se enfadará conmigo. Si no le digo quién soy y me ve, me reconocerá. Aunque intente fingir con los ojos y con la voz, mi alma le dirá que miento. ¿Qué haré? El dolor me descubrirá. ¡Cielos, ayudadme!

Escena XIV

Astolfo: Estrella, este es el retrato. ¡Ay, Dios!

---

85   discreto: persona que tiene buen juicio y no habla más de lo necesario.

Rosaura: ¿Qué te pasa, qué te sorprende?

Astolfo: Me sorprende, Rosaura, verte y oírte.

Rosaura: ¿Yo Rosaura? Me confundes con otra dama. Yo soy Astrea.

Astolfo: ¡Basta, Rosaura! ¡No intentes engañarme, porque el alma nunca miente! Aunque te hagas llamar Astrea, sigues siendo Rosaura.

Rosaura: No te entiendo. Escucha, Estrella me ha ordenado que te espere y que me des a mí el retrato. Yo misma se lo llevaré.

Astolfo: ¡No sigas disimulando! ¡A mí no me puedes engañar, Rosaura!

Rosaura: Digo que espero el retrato.

Astolfo: Si quieres jugar, juguemos. Dile, Astrea, a Estrella que la quiero tanto que, en lugar del retrato que me pidió, le envío el original. Así que llévate a ti misma y díselo[86].

Rosaura: Yo vengo por el retrato. Dámelo, que sin él no me voy a ir.

Astolfo: No te lo voy a dar.

(Rosaura intenta quitárselo).

Rosaura: ¡Dámelo!

Astolfo: ¡Suelta!

Rosaura: ¡No irá a manos de otra mujer!

Astolfo: ¡Me haces daño!

---

86 El sentido de la frase es que Astolfo ya no necesita darle el retrato a Estrella, porque la persona retratada es Rosaura. Si la envía a ella, está enviando el original del retrato.

Rosaura: ¡Traidor!

Astolfo: Ya basta, Rosaura mía.

Rosaura: ¿Yo tuya, villano[87]? ¡Mientes!

Escena XV

(Entra Estrella).

Estrella: Astrea, Astolfo, ¿qué pasa?

Astolfo: Estrella…

Rosaura: *(Aparte, para sí misma).* Deme ingenio[88] el amor para recuperar mi retrato. *(A Estrella).* Si quieres saber lo que pasa, yo te lo contaré.

Astolfo: ¿Qué pretendes?

Rosaura: Me ordenaste esperar aquí a Astolfo y pedirle un retrato de tu parte. Me quedé sola. Y al haber hablado contigo de retratos, recordé que tenía uno mío en la manga del vestido. Quise verlo mientras esperaba. Se me cayó al suelo en el momento en que Astolfo venía con el retrato de otra dama. En vez de darme el que tú pides, cogió el mío del suelo. Como no me lo devolvía con ruegos ni súplicas[89], me enfadé y se lo quise quitar. El que tiene en la mano es el mío. Míralo y verás cómo no te miento.

Estrella: Dame el retrato, Astolfo.

---

87 villano: aquí, mala persona.
88 ingenio: inteligencia, imaginación.
89 súplica: petición.

(Estrella le quita el retrato).

Astolfo: Señora…
Rosaura: ¿Es el mío o no?
Estrella: Lo es.
Rosaura: Dile ahora que te dé el otro.
Estrella: Toma tu retrato y vete.
Rosaura: *(Aparte y para sí misma).* Yo he recuperado mi retrato. Que pase ahora lo que tenga que pasar.

(Rosaura se va).

Escena XVI

Estrella: Dame el retrato que te he pedido. Aunque no piense volver a hablarte jamás, no quiero que te lo quedes.
Astolfo: *(En aparte, para sí mismo).* ¿Cómo puedo salir de este aprieto[90]? Aunque quiera, no puedo darte el retrato, porque…
Estrella: ¡Grosero! ¡Ya no quiero que me lo des!

(Estrella se va).

Astolfo: ¡Oye, escucha, espera…! ¡Vaya por Dios, Rosaura! ¿Por qué has venido a Polonia a crearme tantos problemas?

---

90 aprieto: problema.

Escena XVII

(En la torre o prisión. Segismundo está vestido con las mismas pieles y pobreza que al principio de la obra. Duerme en el suelo. Entran Clotaldo, Clarín y dos criados).

Clotaldo: ¡Aquí se quedará!

Criado 1.º: Vuelvo a atarle la cadena, tal y como estaba.

Clarín: No despiertes, Segismundo, para ver que has perdido tu gloria y tu poder.

Clotaldo: A este preparadle otra celda[91] para encerrarle.

Clarín: ¿A mí? ¿Por qué?

Clotaldo: Porque sabes muchos secretos que podrías contar.

Clarín: ¿He tirado yo a alguien por el balcón? ¿Quiero yo dar muerte a mi padre? ¿Duermo o sueño? ¿Por qué me encierras?

(Los criados arrastran a Clarín a la fuerza).

Escena XVIII

(Entra el rey Basilio).

Basilio: Clotaldo.

Clotaldo: ¿Majestad? No te esperaba en este lugar.

Basilio: Quería ver lo que estaba pasando con Segismundo.

---

91   celda: cuarto o habitación de una prisión o cárcel.

Clotaldo: Míralo.

Basilio: Despiértalo ya.

Clotaldo: Está moviéndose inquieto y soñando en voz alta.

Basilio: Escuchémosle.

Segismundo: *(En sueños)*. El que castiga a los tiranos es un príncipe bueno. Mataré a Clotaldo y mi padre se arrodillará ante mí.

Clotaldo: Amenaza con matarme.

Basilio: Y a mí con ofenderme.

Segismundo: *(En sueños)*. Me vengaré y venceré a mi padre. *(Despierta)*. ¡Ay de mí! ¿Dónde estoy?

Basilio: A mí no me puede ver. Ya sabes lo que tienes que hacer. Te escucharé escondido.

(Basilio se retira para escuchar escondido).

Segismundo: ¿Quién soy? ¿Soy el preso o el que estuvo en palacio? ¡Ay, Dios, qué cosas he soñado!

Clotaldo: Es ya hora de despertar. ¿Vas a estar todo el día durmiendo?

Segismundo: Me parece como si todavía estuviera durmiendo. El sueño ha sido tan real que parecía que lo estaba viviendo. Y ahora que estoy despierto me parece que estoy soñando.

Clotaldo: Cuéntame lo que has soñado.

Segismundo: De pronto me desperté y me vi en una habitación muy lujosa, rodeada de flores. Me esperaban unos criados para vestirme con ropas elegantes y joyas. Y tú me decías que era príncipe de Polonia.

Clotaldo: Hermoso sueño.

Segismundo: No tan hermoso, puesto que por dos veces intentaba matarte.

Clotaldo: ¿A mí? ¿Por qué?

Segismundo: Porque me vengaba de ti. Y me enamoraba en el sueño de una mujer que parecía tan de verdad como tú y yo ahora.

(El rey se va).

Clotaldo: *(En aparte, para sí mismo).* El rey se ha ido enternecido[92] al escucharle. *(A Segismundo).* No está bien que sueñes con venganzas y muertes. Yo te he enseñado a ser pacífico. Recuerda que aun en sueños se debe hacer el bien.

(Clotaldo se va).

Escena XIX

Segismundo: Es verdad. No debo ser violento. Porque el vivir solo es soñar. Sueña el rey que es rey y vive así engañado, mandando, y al final también se encuentra con la muerte. Sueña el rico con su riqueza, sueña el pobre con su pobreza, sueña el que ofende con sus ofensas, en fin y en conclusión, que todos sueñan lo que son, aunque nadie lo entiende. Así yo sueño que estoy aquí, encerrado en esta prisión. Y he soñado

---

92 enternecer: llenarse de ternura o de afecto y cariño.

que vivía como príncipe de Polonia. ¿Qué es la vida entonces? Una locura. ¿Qué es la vida? Una ilusión[93], una sombra y una ficción[94]. De esta manera el mayor bien es pequeño, ya que toda la vida es sueño y los sueños, sueños son[95].

4.

Versión original del texto anterior

4.

Segismundo:
Es verdad; pues reprimamos
esta fiera condición,
esta furia, esta ambición,
por si alguna vez soñamos.
Y sí haremos, pues estamos
en mundo tan singular,
que el vivir solo es soñar;
y la experiencia me enseña
que el hombre que vive, sueña
lo que es, hasta despertar.

Sueña el rey que es rey, y vive
con este engaño mandando,
disponiendo y gobernando;
y este aplauso, que recibe
prestado, en el viento escribe
y en cenizas le convierte
la muerte ¡desdicha fuerte!:
¿que hay quien intente reinar
viendo que ha de despertar
en el sueño de la muerte?

---

93 ilusión: imagen falsa inventada por la mente o la imaginación.
94 ficción: engaño, relato imaginado o soñado.
95 En este monólogo capital de Segismundo, se resume la filosofía de Calderón en torno a las dificultades de distinguir realidad y ficción, verdad y sueño, temas muy del Barroco.

Sueña el rico en su riqueza,
que más cuidados le ofrece;
sueña el pobre que padece
su miseria y su pobreza;
sueña el que a medrar empieza,
sueña el que afana y pretende,
sueña el que agravia y ofende,
y en el mundo, en conclusión,
todos sueñan lo que son,
aunque ninguno lo entiende.

Yo sueño que estoy aquí,
de estas prisiones cargado,
y soñé que en otro estado
más lisonjero me vi.
¿Qué es la vida?, un frenesí.
¿Qué es la vida?, una ilusión,
una sombra, una ficción,
y el mayor bien es pequeño:
que toda la vida es sueño,
y los sueños, sueños son.

Jornada tercera

Escena I

(Entra en escena Clarín).

Clarín: Vivo preso en una torre encantada. ¿Qué me harán por lo que no sé, si por lo que sé me quieren matar? ¡Ay, tengo mucho miedo! Esta cárcel está llena de arañas y ratones. ¡Y ahí fuera cantan los pájaros! ¡Tengo tanta hambre que me desmayo! Esto me pasa por haber callado y no haber revelado el secreto. Siendo criado, guardar un secreto es la mayor tontería.

Escena II

(Ruidos de cajas y gente).

Voz del soldado 1.º: ¡Esta es la torre en la que lo tienen prisionero! ¡Derribad la puerta! ¡Entrad todos!

Clarín: Estos me buscan a mí. ¿Qué me querrán?

(Entran los soldados).

Soldado 1.º: Entrad dentro.

Soldado 2.º: ¡Aquí está!

Clarín: No está…

Todos: Señor…

Clarín: ¿No estarán borrachos estos?

Soldado 2.º: Tú eres nuestro príncipe. No admitimos a otro, sino a ti, que eres el heredero natural de la corona, por ser el hijo del rey Basilio. No queremos al príncipe extranjero.

Todos: ¡Viva el gran príncipe Segismundo!

Clarín: ¡Esto va en serio! ¿Será costumbre de este reino encarcelar a uno por la mañana, hacerle príncipe por la tarde y volverle a encarcelar en la torre por la noche? Está bien. Tendré que representar mi papel[96].

Todos: ¡Somos tus vasallos, señor!

Soldado 2.º: A tu padre le hemos dicho que solo a ti te reconocemos como príncipe y no al duque de Moscovia.

Clarín: Sois unos imbéciles.

Soldado 1.º: Fue por lealtad a ti.

Clarín: Si fue por lealtad, os perdono.

Soldado 2.º: ¡Viva Segismundo!

Todos: ¡Viva!

Clarín: Me llaman Segismundo. En realidad, a todos los príncipes que ponen y quitan en un día les llaman Segismundo.

(Entra Segismundo).

---

96   representar mi papel: en este contexto, interpretar un personaje teatral.

Escena III

Segismundo: ¿Quién está llamando a Segismundo?

Clarín: ¡Ya soy un príncipe acabado! ¡Ni un día!

Soldado 2.º: ¿Quién de los dos es Segismundo?

Segismundo: Yo.

Soldado 2.º: *(A Clarín).* ¿Y tú por qué te hacías pasar por Segismundo, necio[97]?

Clarín: ¿Yo Segismundo? ¡Qué va! Fuisteis vosotros los que os confundisteis y me segismundasteis[98].

Soldado 1.º: Tu padre, el rey Basilio, te tiene encarcelado y quiere nombrar heredero a Astolfo. Con nuestras armas, vencerás al rey tirano y serás tú el nuevo rey. Todo el pueblo te aclama[99]. La libertad te espera.

Voces: ¡Viva Segismundo, viva!

Segismundo: ¿Otra vez queréis que sueñe grandezas y poderes para que, al despertar, se conviertan en sueños? ¿Otra vez queréis que me vea vestido de rey? ¡Pues no, no lo haré! Sé que toda la vida es sueño. Así que marchaos, que no quiero soñar que soy rey. Para mí ya no hay más fingimientos[100], puesto que sé que la vida es sueño.

Soldado 2.º: Si crees que te engañamos, mira en el monte y verás los soldados que te esperan para obedecerte.

Segismundo: Antes me pasó lo mismo y era un sueño.

Soldado 1.º: A veces los sueños anuncian grandes hechos.

---

97 necio: tonto, idiota.
98 segismundasteis: palabra nueva de carácter humorístico que inventa Clarín para decir que ellos le convirtieron en Segismundo.
99 aclamar: gritar un nombre en señal de reconocimiento y apoyo.
100 fingimiento: engaño.

Segismundo: Puede ser como tú dices. Está bien, so-
ñemos otra vez. Soldados, yo os agradezco vuestra
lealtad. Yo os libraré de la tiranía extranjera. Lucharé
contra mi padre y le venceremos. ¿Pero y si antes me
despierto?

Todos: ¡Viva Segismundo, viva!

Escena IV

(Entra Clotaldo).

Clotaldo: ¿Qué ruido es este?

Segismundo: Clotaldo.

Clotaldo: Señor.

Clarín: *(En aparte, para sí mismo).* Yo digo que lo despeña
por el monte. *(Clarín se va).*

Clotaldo: Me arrodillo ante ti, sabiendo que voy a morir.

Segismundo: Levanta del suelo, que vas a guiarme en
la batalla. En ti confío, puesto que tú me has criado.
Abrázame.

Clotaldo: ¿Qué dices?

Segismundo: Que estoy soñando. Y que quiero actuar
bien, puesto que no se puede dejar de actuar bien ni
siquiera en sueños.

Clotaldo: Si actuar bien es lo que quieres, permíteme
que te hable.

Segismundo: Habla.

Clotaldo: Yo no puedo aconsejarte contra mi rey ni
ayudarte. Vuelvo a arrodillarme. ¡Mátame!

Segismundo: ¡No te mataré todavía! Que aún no sé
si estoy despierto… Clotaldo, envidio tu valor. Vete

a servir al rey. Nos veremos en el campo de batalla. Vosotros, tocad tambores para la guerra.

Clotaldo: Mil veces gracias.

Segismundo: Fortuna, no me despiertes si duermo. Y si es verdad, no me duermas. Pero sea verdad o sueño, actuar bien es lo que importa. Si es verdad, por serlo. Y si no lo es, por ganar amigos para cuando despertemos.

5.

5. Versión original del texto anterior

Segismundo:
¡Villano,
traidor, ingrato! *(En aparte)* Mas, ¡cielos!,
reportarme me conviene
que aún no sé si estoy despierto.
Clotaldo, vuestro valor
os envidio y agradezco.
Idos a servir al rey
que en el campo nos veremos.
Vosotros, tocad al arma.

Clotaldo:
Mil veces tus plantas beso.

Segismundo:
A reinar, Fortuna, vamos;
no me despiertes, si duermo,
y si es verdad, no me duermas.
Mas, sea verdad o sueño,
obrar bien es lo que importa.
Si fuere verdad, por serlo;
si no, por ganar amigos
para cuando despertemos.

(Se van y tocan los tambores).

Escena V

Basilio: ¿Quién, Astolfo, podrá parar la furia[101] de un caballo desbocado[102]? ¿Quién podrá parar la corriente de un río[103] o la furia del mar en tempestad? Pues todo parece más fácil de parar que a un pueblo sublevado[104] como el nuestro. A lo lejos se oyen los gritos de unos, *¡Astolfo!*, y de otros, *¡Segismundo!* La lucha es a muerte.

Astolfo: Tendré que ganarme el trono de Polonia en la batalla. Dame un caballo y lucharé por defenderte.

Basilio: ¡No hay remedio[105]! ¡Está todo escrito en las estrellas! ¡Los horóscopos lo decían! ¡Y yo he provocado esta tragedia al traer a Segismundo a palacio! ¡Yo mismo he destruido mi patria!

Escena VI

(Entra Estrella).

Estrella: Están las calles llenas de soldados de uno y otro bando. El enfrentamiento es absoluto.

---

101 furia: violencia.
102 desbocado: sin control.
103 corriente de un río: agua en movimiento en un río.
104 sublevado: levantado en armas.
105 no hay remedio: no hay solución, no se puede hacer nada.

Escena VII

(Entra Clotaldo).

Clotaldo: ¡Gracias a Dios que llego vivo ante ti!
Basilio: ¿Qué sabes de Segismundo?
Clotaldo: Que el pueblo, armado, entró en la torre y liberó al príncipe de su prisión. Y que Segismundo te vencerá y que, por tanto, los cielos cumplirán sus pronósticos.
Basilio: Dame un caballo, que yo mismo iré a defender mi corona. Lo que la ciencia y los astros se empeñan en perder lo tendrá que vencer mi espada.

(Se van. Tocan tambores de guerra).

Escena VIII

(Entra Rosaura y para a Clotaldo).

Rosaura: Espera, no te vayas. Me dijiste que viviera disfrazada en palacio y que no viese a Astolfo, a pesar de mis celos. En fin, nos hemos visto... Pero él continúa hablando por las noches con Estrella en un jardín. Tengo la llave del jardín y te la puedo dar. Así podrás vengar mi honor con la muerte de Astolfo.
Clotaldo: Es verdad que te prometí que haría todo lo posible por vengar tu honor. Pensaba matarle cuando Segismundo intentó matarme a mí, y Astolfo llegó

en mi defensa. ¿Cómo puedo matar ahora a quien me ha salvado la vida? Y entre vengar tu honor y ser agradecido, no sé qué hacer.

Rosaura: Es mejor ayudarme a mí que estarle agradecido a él.

Clotaldo: Para mí es importante ser agradecido.

Rosaura: Deberás elegir.

Clotaldo: Te daré mi hacienda[106] y podrás vivir en un convento. Así tendrás honor. Con esta solución, soy leal con mi reino, generoso contigo y agradecido con Astolfo. Te digo que no haría más de ser tu padre.

Rosaura: De ser mi padre, tu respuesta la sentiría como una ofensa.

Clotaldo: ¿Qué es lo que quieres hacer?

Rosaura: Matar al duque.

Clotaldo: ¿Tú sola?

Rosaura: Yo sola.

Clotaldo: Eres una mujer valiente.

Rosaura: Por defender mi honor.

Clotaldo: Te advierto que Astolfo será tu rey y el marido de Estrella.

Rosaura: ¡No lo voy a permitir!

Clotaldo: Es una locura.

Rosaura: ¿Y qué?

Clotaldo: Perderás…

Rosaura: Ya lo sé.

Clotaldo: … vida y honor.

Rosaura: Puede ser.

Clotaldo: ¿Qué buscas?

Rosaura: Mi muerte.

---

106   hacienda: propiedades, tierras y casas.

Clotaldo: Mira que eso es un disparate.

Rosaura: Es valor.

Clotaldo: Es delirio[107].

Rosaura: Es rabia.

Clotaldo: En fin, ¿no te convenzo?

Rosaura: No.

Clotaldo: ¿Quién te ayudará?

Rosaura: Nadie.

Clotaldo: ¿No hay otro remedio?

Rosaura: No lo hay.

Clotaldo: Piensa si hay otras soluciones.

Rosaura: Perderme[108] en cualquier caso. *(Se va).*

Clotaldo: Espera, hija, que, si te vas a perder, me perderé contigo...

Escena IX

(Tocan tambores y entran soldados, Clarín y Segismudo, que viste con pieles).

Segismundo: Si Roma me contempla, podrá enorgullecerse de que un hombre como yo pueda dirigir los más victoriosos ejércitos de la tierra.

Clarín: Señor, se acerca una mujer...

Segismundo: Su luz me ciega.

---

107   delirio: locura.

108   perder: aquí, quiere decir que con su intento de dar muerte a Astolfo lo más seguro es que ella también muera. Por eso, Clotaldo en la siguiente intervención dice que se perderá con ella, es decir, que la ayudará a dar muerte a Astolfo, pero que lo más probable es que también muera él.

Clarín: ¡Es Rosaura! *(Se va)*.

Segismundo: ¡El cielo me la trae!

Escena X

(Entra Rosaura con espada y con puñal).

Rosaura: Valiente Segismundo, te ruego que me ayudes. Me has visto tres veces, las tres vestida de forma diferente. La primera vez pensaste que era un hombre cuando te vi en tu prisión. La segunda me admiraste como mujer cuando te creías príncipe de Polonia en palacio y pensaste que era un sueño. Y la tercera es esta. Soy una mujer que lleva armas de hombre.

Segismundo: ¿Qué quieres?

Rosaura: Que escuches mis desgracias.

Segismundo: Habla.

Rosaura: Nací en Moscovia. Mi madre se había enamorado de un hombre que le había prometido casarse, pero que no lo hizo y la abandonó. Sin embargo, antes de marcharse, le dejó su espada para poder yo encontrarle en Polonia. A mí me pasó lo mismo que a mi madre: Astolfo me robó mi honor[109]. Entonces mi madre descolgó la vieja espada de mi padre y me la entregó diciéndome: «Ve a Polonia e intenta que vean esta espada los más importantes señores.

---

109 Astolfo me robó mi honor: quiere decir que Astolfo mantuvo relaciones sexuales con ella bajo promesa de matrimonio y que luego desapareció y no quiere casarse con ella.

Alguno podrá ayudarte». Llegué a Polonia y Clotal-do prometió ayudarme. Pero ahora no quiere que me vengue de Astolfo. Creo que los dos podríamos impedir la boda. Yo, para que Astolfo no se case, y tú para recuperar tu trono[110]. Como mujer vengo a pe-dirte que me ayudes a recuperar mi honra[111]. Como hombre, vengo a luchar contigo para que recuperes tu corona.

Segismundo: *(En aparte, para sí mismo).* ¡Cielos, cómo saber si esto es verdad o un sueño! ¿Quién vio penas tan tristes? Si soñé que era príncipe, ¿por qué esta mujer me dice que me vio cuando yo estaba en palacio? Si me vio, todo fue verdad y no un sueño. Pero si todo desaparece como antes… Lo mejor es disfrutar de lo que se sueña. Rosaura está en mi poder, mi alma adora su hermosura, pues disfrutemos de la ocasión. Esto no está bien. Rosaura está sin honor. A mí me corresponde, como príncipe, darle honor y no quitárselo. ¡Voy a recuperar su honra antes que mi corona!

6.

Versión original del texto anterior

6.

Segismundo:
Cielos, si es verdad que sueño,
suspendedme la memoria,
que no es posible que quepan
en un sueño tantas cosas.

---

110 trono: el poder de la monarquía.
111 honra: honor. En este caso, la dignidad de Rosaura perdida por la negativa de Astolfo a casarse con ella como le había prometido cuando mantuvo relaciones sexuales con ella en Moscovia.

¡Válgame Dios, quién supiera,
o saber salir de todas,
o no pensar en ninguna!
¿Quién vio penas tan dudosas?
Si soñé aquella grandeza
en que me vi, ¿cómo ahora
esta mujer me refiere
unas señas tan notorias?
Luego fue verdad, no sueño;
y si fue verdad –que es otra
confusión y no menor–,
¿cómo mi vida le nombra
sueño? Pues, ¿tan parecidas
a los sueños son las glorias,
que las verdaderas son
tenidas por mentirosas,
y las fingidas por ciertas?
¡Tan poco hay de unas a otras
que hay cuestión sobre saber
si lo que se ve y se goza
es mentira o es verdad!
¿Tan semejante es la copia
al original, que hay duda
en saber si es ella propia?
Pues si es así, y ha de verse
desvanecida entre sombras
la grandeza y el poder,
la majestad, y la pompa,
sepamos aprovechar
este rato que nos toca,
pues solo se goza en ella
lo que entre sueños se goza.
Rosaura está en mi poder;
su hermosura el alma adora;
gocemos, pues, la ocasión;
el amor las leyes rompa

> del valor y confianza
> con que a mis plantas se postra.
> Esto es sueño; y pues lo es,
> soñemos dichas ahora,
> que después serán pesares.

Rosaura: ¿Adónde vas? ¿Cómo es posible que ni me mires ni me oigas?

Segismundo: No te hablo, porque quiero que por mí te hablen mis obras. Y no te miro, porque es tan grande tu hermosura que no quiero pensar más que en salvar tu honor.

(Segismundo se va).

Escena XI

(Entra Clarín).

Clarín: Señora, ¿es hora de verte?

Rosaura: ¡Ay, Clarín! ¿Dónde has estado?

Clarín: Encerrado en una torre a punto de morir.

Rosaura: ¿Por qué?

Clarín: Porque sé quién eres y *(se oyen ruidos)* Clotaldo... ¿Pero qué ruido es ese?

Rosaura: ¿Qué puede ser?

Clarín: Que un grupo de soldados salen del palacio para ir al combate.

(Rosaura se va).

Escena XII

Voces de unos: ¡Viva nuestro invicto[112] rey!
Voces de otros: ¡Viva nuestra libertad!
Clarín: ¡La libertad y el rey vivan! Vivan siempre y que a mí no me dan pena ni los unos ni los otros. Desde aquí escondido quiero ver la batalla. Oculto entre estos árboles y rocas, podré ver el combate sin correr peligro.

(Clarín se esconde).

Escena XIII

(Suena ruido de armas. Entran el rey, Clotaldo y Astolfo, huyendo).

Basilio: ¿Hay un hombre más desgraciado que yo?
Clotaldo: Tu ejército ha sido derrotado.
Astolfo: Los traidores han vencido.
Basilio: Huyamos de la venganza de un hijo tirano.

(Disparan fuera y cae Clarín, herido).

Astolfo: ¿Quién es ese soldado que ha caído?
Clarín: Soy un hombre con tan mala suerte que por quererme librar de la muerte, la he encontrado. Si vuestro destino es morir, no os libraréis de la muerte.

(Cae muerto).

---

112   invicto: no vencido nunca.

Basilio: Si vuestro destino es morir, no os libraréis de la muerte... ¡Cuánta razón! Pues yo, por querer librar de muertes y traiciones a mi patria, vine a darle las mismas muertes y traiciones. El destino se cumple siempre hagas lo que hagas.

Clotaldo: Aunque el destino siempre acaba cumpliéndose, no es cristiano decir que el destino condiciona nuestras vidas. No obstante, intenta que no se cumpla tu destino, señor.

Astolfo: En el monte hay un caballo escondido, huye en él, mientras yo defiendo tu huida.

Basilio: Si vuestro destino es morir, no os libraréis de la muerte. Si Dios ha decidido que yo muera o si la muerte me está esperando, aquí la quiero ver cara a cara.

Escena XIV

(Entra Segismundo seguido de sus soldados).

Segismundo: El rey se esconde en lo profundo del monte. ¡Seguidle!

Clotaldo: Huye, señor.

Basilio: ¿Para qué?

Astolfo: ¿Qué intentas?

Basilio: Astolfo, aparta.

Clotaldo: ¿Qué intentas?

Basilio: Príncipe, si me vas buscando, ya me tienes aquí arrodillado a tus pies. Pisa mi cuello y rompe mi corona. Véngate de mí y ofende mi honor. Cumplan así las estrellas los pronósticos del destino.

Segismundo: Pueblo ilustre de Polonia, atended, que os habla vuestro príncipe. Las estrellas nunca mienten. Porque miente quien se empeña en interpretarlas. Mi padre me hizo un animal en lugar de haberme educado en palacio. Fue decisión del cielo ver a mi padre arrodillado a mis pies por más que intentó evitarlo. ¿Y podré yo evitar los pronósticos de las estrellas, yo que no he estudiado astronomía como tú? Levántate y dame la mano, que el cielo te dice que te has equivocado en tus estudios de las estrellas. Me rindo a tus pies para que cortes mi cuello.

Basilio: Hijo, eres en verdad el príncipe. Tú has vencido y mereces ser coronado.

Todos: ¡Viva, Segismundo, viva!

Segismundo: Pues ya que el cielo ha querido que venza sobre todos y sobre mis propias inclinaciones, ahora yo daré las órdenes. ¡Astolfo, te casarás con Rosaura, y así Rosaura recuperará el honor perdido!

Astolfo: Aunque es verdad que le he ofendido el honor, ella no conoce sus orígenes y yo no puedo casarme con ella…

Clotaldo: No sigas, porque Rosaura es tan noble como tú, Astolfo, y mi espada la defenderá en el campo de batalla. ¡Es mi hija!

Astolfo: ¿Qué dices?

Clotaldo: Que la historia es muy larga, pero Rosaura es hija mía.

Astolfo: Siendo así, cumpliré mi palabra.

Segismundo: Y para que Estrella no se quede sola, yo me casaré con ella y se convertirá en princesa. Dame la mano.

Estrella: Nunca esperé merecer tanta fortuna[113].

Segismundo: A Clotaldo, que sirvió leal a mi padre, le daré todo tipo de premios y regalos.

Soldado 1.º: Si así agradeces a quienes no te han ayudado, ¿qué me darás a mí, que fui el que organizó la rebelión y te libré de la prisión?

Segismundo: ¡La prisión! Para que no salgas de ella hasta que te mueras. Que los traidores solo merecen estar en prisión.

Basilio: Tu ingenio nos sorprende a todos.

Astolfo: ¡Cómo ha cambiado!

Rosaura: ¡Qué sabio y qué prudente!

Segismundo: ¿Por qué os sorprende cómo actúo si mi maestro fue un sueño y temo despertar en algún momento y volverme a encontrar encerrado en mi prisión? Soñando aprendí que todo placer humano se desvanece[114] como un sueño. Y quiero hoy aprovechar este tiempo del sueño mientras dure, pidiendo perdón por nuestras faltas en escena y un generoso aplauso, pues aquí termina *La vida es sueño*, de Pedro Calderón de la Barca.

7.

7. | Versión original del texto anterior

Segismundo:
Pues porque Estrella
no quede desconsolada,
viendo que príncipe pierde
de tanto valor y fama,

---

113 fortuna: premio, suerte.
114 desvanecerse: perderse, pasar.

de mi propia mano yo
con esposo he de casarla
que en méritos y fortuna,
si no le excede, le iguala.
Dame la mano.

Estrella:
Yo gano
en merecer dicha tanta.

Segismundo:
A Clotaldo, que leal
sirvió a mi padre, le aguardan
mis brazos, con las mercedes
que él pidiere que le haga.

Soldado 1.º:
Si así a quien no te ha servido
honras, a mí que fui causa
del alboroto del reino,
y de la torre en que estabas
te saqué, ¿qué me darás?

Segismundo:
La torre; y porque no salgas
de ella nunca hasta morir,
has de estar allí con guardas,
que el traidor no es menester
siendo la traición pasada.

Basilio:
Tu ingenio a todos admira.

Astolfo:
¡Qué condición tan mudada!

Rosaura:
¡Qué discreto y qué prudente!

Segismundo:
¿Qué os admira? ¿Qué os espanta
si fue mi maestro un sueño,
y estoy temiendo en mis ansias
que he de despertar y hallarme
otra vez en mi cerrada
prisión? Y cuando no sea,
el soñarlo sólo basta:
pues así llegué a saber
que toda la dicha humana
en fin pasa como sueño,
y quiero hoy aprovecharla
el tiempo que me durare,
pidiendo de nuestras faltas
perdón, pues de pechos nobles
es tan propio el perdonarlas.

ACTIVIDADES

TALLER DE LECTURA

Aquí tienes dos fragmentos de *La vida es sueño*: texto adaptado y versión original. Léelos y responde a las preguntas.

Fragmento 1.▶

Texto adaptado
¡Ay, mísero de mí, ay infeliz! ¡Quiero saber, cielos, qué delito hice contra vosotros naciendo cuando nací, ya que me tratáis de esta manera! Aunque si nací, ya entiendo qué delito he hecho. Pues el mayor delito del hombre es haber nacido. Solo quiero saber ahora, para comprender mi situación, en qué más he podido ofenderos, puesto que me castigáis más que a los demás. ¿No nacieron los demás? Pues si los demás nacieron, ¿por qué disfrutan de privilegios que jamás tuve yo? Nace el ave y vuela con libertad por los cielos. ¿Y teniendo yo más alma que un ave tengo menos libertad? Nace el toro y la necesidad le enseña a ser cruel. ¿Y teniendo yo mejor instinto tengo menos libertad? Nace el pez, que vive en medio del mar y de los ríos, ¿y yo, con más albedrío, tengo menos libertad? Nace el arroyo, que entre las flores y los montes corre hasta el mar, ¿y teniendo yo más vida tengo menos libertad? Y llegando a este inmenso dolor, quiero gritar mi angustia. ¿Qué justicia puede negar a un hombre el derecho a la libertad cuando Dios le ha dado la libertad a un arroyo, a un pez, a un toro y a un ave?

1. ¿De qué se queja Segismundo?
2. ¿Cuál es el delito que cree haber cometido?
3. ¿Tienen alma los demás seres de la naturaleza con los que se compara?
4. Observa las palabras subrayadas en la versión original y marca su equivalente en el texto adaptado.

Versión original

¡Ay, mísero de mí, ay, infelice!
Apurar, cielos, pretendo,
ya que me tratáis así
qué delito cometí
contra vosotros naciendo;
aunque si nací, ya entiendo
qué delito he cometido.
Bastante causa ha tenido
vuestra justicia y rigor;
pues el delito mayor
del hombre es haber nacido.
Solo quisiera saber
para apurar mis desvelos
(dejando a parte, cielos,
el delito de nacer),
qué más os pude ofender
para castigarme más.
¿No nacieron los demás?
Pues si los demás nacieron,
¿qué privilegios tuvieron
que yo no gocé jamás?
Nace el ave, y con las galas
que le dan belleza suma,
apenas es flor de pluma
o ramillete con alas,
cuando las etéreas alas
corta con velocidad,
negándose a la piedad
del nido que deja en calma;
¿y teniendo yo más alma,
tengo menos libertad?
Nace el bruto, y con la piel
que dibuja manchas bellas,
apenas signo de estrellas
(gracias al docto pincel),
cuando, atrevida y cruel,

la humana necesidad
le enseña a tener crueldad,
monstruo de su laberinto;
¿y yo, con mejor instinto,
tengo menos libertad?
Nace el pez, que no respira,
aborto de ovas y lamas,
y apenas, bajel de escamas,
sobre las ondas se mira,
cuando a todas partes gira,
midiendo la inmensidad
de tanta capacidad
como le da el centro frío;
¿y yo, con más albedrío,
tengo menos libertad?
Nace el arroyo, culebra
que entre flores se desata,
y apenas, sierpe de plata,
entre las flores se quiebra,
cuando músico celebra
de las flores la piedad
que le dan la majestad
del campo abierto a su huida;
¿y teniendo yo más vida
tengo menos libertad?
En llegando a esta pasión,
un volcán, un Etna hecho,
quisiera sacar del pecho
pedazos del corazón.
¿Qué ley, justicia o razón,
negar a los hombres sabe
privilegio tan suave,
excepción tan principal,
que Dios le ha dado a un cristal,
a un pez, a un bruto y a un ave?

Fragmento 2.

Texto adaptado

Es verdad. No debo ser violento. Porque el vivir solo es soñar. Sueña el rey que es rey y vive así engañado, mandando, y al final también se encuentra con la muerte. Sueña el rico con su riqueza, sueña el pobre con su pobreza, sueña el que ofende con sus ofensas, en fin y en conclusión, que todos sueñan lo que son, aunque nadie lo entiende. Así yo sueño que estoy aquí, encerrado en esta prisión. Y he soñado que vivía como príncipe de Polonia. ¿Qué es la vida entonces? Una locura. ¿Qué es la vida? Una ilusión, una sombra y una ficción. De esta manera el mayor bien es pequeño, ya que toda la vida es sueño y los sueños, sueños son.

---

1. ¿Qué es la vida para Segismundo?
2. ¿Qué ha soñado Segismundo?
3. ¿A qué conclusión llega sobre cómo debe comportarse?
4. Observa las palabras subrayadas en la versión original y marca su equivalente en el texto adaptado.

Versión original

Es verdad; pues reprimamos
esta fiera condición,
esta furia, esta ambición,
por si alguna vez soñamos.
Y sí haremos, pues estamos
en mundo tan singular,
que el vivir sólo es soñar;
y la experiencia me enseña
que el hombre que vive, sueña
lo que es, hasta despertar.
Sueña el rey que es rey, y vive
con este engaño mandando,
disponiendo y gobernando;
y este aplauso, que recibe
prestado, en el viento escribe
y en cenizas le convierte
la muerte ¡desdicha fuerte!:
¿que hay quien intente reinar
viendo que ha de despertar
en el sueño de la muerte?

Sueña el rico en su riqueza,
que más cuidados le ofrece;
sueña el pobre que padece
su miseria y su pobreza;
sueña el que a medrar empieza,
sueña el que afana y pretende,
sueña el que agravia y ofende,
y en el mundo, en conclusión,
todos sueñan lo que son,
aunque ninguno lo entiende.
Yo sueño que estoy aquí,
de estas prisiones cargado,
y soñé que en otro estado
más lisonjero me vi.
¿Qué es la vida?, un frenesí.
¿Qué es la vida?, una ilusión,
una sombra, una ficción,
y el mayor bien es pequeño:
que toda la vida es sueño,
y los sueños, sueños son.

Redactas un texto

- Escribe un final distinto de la obra a partir del momento en que los soldados se rebelan a favor de Segismundo.
- Haz una entrevista a Rosaura sobre los motivos que le llevan a ir a Polonia y su relación con Astolfo.
- Imagínate que eres Segismundo y le escribes, desde la prisión, una carta a tu padre Basilio reprochándole que te tenga encarcelado.

Escribes tu opinión

- ¿Qué personaje te ha gustado más? ¿Por qué?
- ¿Cuáles son los sueños que más te gustaría realizar en tu vida? ¿Por qué?

Traduce a tu lengua

abandonar ....

abierto, a ....

abrazar ....

abrazo (el) ....

absolutamente ....

absoluto, a ....

acabar ....

acaso ....

acción (la) ....

aceptar ....

acerca ....

acercar ....

acertar ....

acierto (el) ....

aclamar ....

acompañado, a ....

acompañamiento (el) ....

acompañar ....

aconsejar ....

acordar ....

acostar ....

acto (el) ....

actuar ....

acuerdo (el) ....

además ....

admiración (la) ....

admirar ....

admitir ....

adónde ....

adorar ....

adormecer ....

advertir ....

agarrar ....

agradar ....

agradecer ....

agradecido, a ....

ahí ....

ahora ....

albedrío (el) ....

alegrar ....

alegría (la) ....

aliviar ....

allí ....

alma (el) ....

alteza (la) ....

alto, a ....

amable ....

amanecer ....

amar ....

amenazar ....

amigo, a ....

amor (el) ....

anciano, a ....

angustia (la) ....

animal (el) ....

anochecer (el) ....

antes ....

anunciar ....

año (el) ....

apartar ....

aparte ....

aplauso (el) ....

aprecio (el) ....

aprender ....

aprieto (el) ....

aprovechar ....

apuesta (la) ....

aquí ....

araña (la) ....

árbol (el) ....

arma (el) ....

armar ....

arrastrar ....

arrodillarse ....

arroyo (el) ....

así ....

asombrar ....

astro (el) ....

astronomía (la) ....

asustar ....

atar ....

atender ....

atento, a ....

atreverse ....

atrevido, a ....

aun ....

aunque ....

ave (el) ....

ayo (el) ....

ayuda (la) ....

ayudar ....

balcón (el) ....

bando (el) ....

barca (la) ....

batalla (la) ....

beber ....

belleza (la) ....

bello, a ....

bendito, a ....

besar ....

beso (el) ....

bien ....

bienes (los) ....

bienvenido, a ....

boda (la) ....

bofetada (la) ....

borracho, a ....

brazo (el) ....

brebaje (el) ....

brillar ....

bueno, a ....

buscar ....

caballo (el) ....

cabeza (la) ....

cadena (la) ....

caer ....

caja (la) ....

callar ....

cama (la) ....

cambiar ....

campo (el) ....

cansar ....

cantar ....

cara (la) ....

cárcel (la) ....

carecer ....

casar ....

casi ....

caso (el) ....

castigar ....

castigo (el) ....

católico, a ....

causar ....

cautivo, a ....

celda (la) ....

celos (los) ....

ciego, a ....

cielo (el) ....

ciencia (la) ....

ciudadano, a ....

cobarde ....

coger ....

colgado, a ....

combate (el) ....

comer ....

cómo ....

comprender ....

comprobar ....

conclusión (la) ....

condenado, a ....

condicionar ....

confesar ....

confianza (la) ....

confiar ....

confundir ....

confusión (la) ....

conocer ....

considerar ....

construir ....

contar ....

contemplar ....

contento, a ....

continuar ....

contrario, a ....

convencer ....

convento (el) ....

convertir ....

corona (la) ....

coronado, a ....

correr ....

corresponder ....

corriente ....

cortar ....

corte (la) ....

cosa (la) ....

costumbre (la) ....

crear ....

creer ....

criado, a ....

crimen (el) ....

cristiano, a ....

cruel ....

cuando ....

cuello (el) ....

cuento (el) ....

cuidado ....

cuidar ....

cumplido ....

cumplir ....

cuna (la) ....

dama (la) ....

daño (el) ....

dar ....

deber ....

débil ....

decidir ....

decir ....

decisión (la) ....

dedicado, a ....

defender ....

defensa (la) ....

dejar ....

delirio (el) ....

delito (el) ....

demostrar ....

dentro ....

derecho (el) ....

derribar ....

derrotar ....

desaparecer ....

desbocar ....

descolgar ....

descubrir ....

desdicha (la) ....

desdichado, a ....

desear ....

desgracia (la) ....

desgraciado, a ....

deshonrado, a ....

desmayo (el) ....

despectivo, a ....

despedazar ....

despeñar ....

despertar ....

despierto, a ....

desprecio (el) ....

después ....

destino (el) ....

destruir ....

desvanecer ....

detener ....

devolver ....

día (el) ....

diente (el) ....

diferente ....

dios (el) ....

dirigir ....

dirigirse ....

discreto, a ....

disculpar ....

disfrazar ....

disfrutar ....

disimular ....

disparar ....

disparate (el) ....

disparo (el) ....

distancia (la) ....

distraer ....

dividir ....

dolor (el) ....

donde ....

dónde ....

dormido, a ....

dormir ....

duda (la) ....

dudar ....

duque (el) ....

durar ....

edificio (el) ....

educado, a ....

ejército (el) ....

elegante ....

elegir ....

empeñar ....

enamorar ....

encantar ....

encarcelar ....

encerrar ....

enemigo, a ....

enfadar ....

enfrentamiento (el) ....

engañar ....

enorgullecerse ....

enseña (la) ....

enseñar ....

entender ....

enternecer ....

entonces ....

entrar ....

entregar ....

entrometido, a ....

enviar ....

envidiar ....

enviudar ....

equivocarse ....

esclavo, a (el, la) ....

esconder ....

escopeta (la) ....

escuchar ....

espada (la) ....

especialista ....

esperar ....

esposo, a (el, la) ....

estar ....

estrella (la) ....

estudiar ....

eternamente ....

evitar ....

explicar ....

extranjero, a ....

extremo, a ....

fácil ....

fallecer ....

falta (la) ....

faltar ....

familiar (el) ....

fantasma (el) ....

favor (el) ....

feliz ....

ficción (la) ....

filósofo, a (el, la) ....

fin (el) ....

final (el) ....

fingimiento (el) ....

fingir ....

flor (la) ....

forma (la) ....

fortuna (la) ....

frase (la) ....

fuerte ....

fuerza (la) ....

furia (la) ....

futuro (el) ....

galeote (el) ....

ganar ....

generoso, a ....

gente (la) ....

gigante (el) ....

gloria (la) ....

gobernar ....

golpear ....

gracias ....

gran(de) ....

grandeza (la) ....

gritar ....

grito (el) ....

grosero, a ....

grupo (el) ....

guarda (el) ....

guardar ....

guardia (el) ....

guerra (la) ....

guiar ....

gustar ....

haber ....

habitación (la) ....

habitante (el) ....

hablar ....

hacer ....

hacienda (la) ....

halago (el) ....

hambre (el) ....

heredar ....

heredero, a ....

herido, a ....

hermano, a (el, la) ....

hermoso, a ....

hermosura (la) ....

hierba (la) ....

hijo, a (el, la) ....

historia (la) ....

hombre (el) ....

honor (el) ....

honra (la) ....

hora (la) ....

horóscopo (el) ....

hoy ....

huida (la) ....

huir ....

humano, a ....

igual ....

iluminar ....

ilusión (la) ....

ilustre ....

imagen (la) ....

imbécil ....

impedir ....

importancia (la) ....

importante ....

importar ....

inclinación (la) ....   juzgar ....

incumplir ....   lado (el) ....

infame ....   lance (el) ....

infeliz ....   largo, a ....

influencia (la) ....   leal ....

ingenio (el) ....   lealtad (la) ....

iniciar ....   lejos ....

injusto, a ....   letra (la) ....

inmediatamente ....   levantar ....

inmenso, a ....   ley (la) ....

inocente ....   liberar ....

inquieto, a ....   libertad (la) ....

instinto (el) ....   librar ....

intentar ....   libre ....

interior ....   libro (el) ....

interponer ....   liviano, a ....

interpretar ....   llamar ....

invicto, a ....   llave (la) ....

ir ....   llegar ....

jamás ....   llenar ....

jardín (el) ....   llevar ....

joven ....   loco, a ....

joya (la) ....   locura (la) ....

jugar ....   lucha (la) ....

junto ....   luchar ....

jurar ....   luego ....

justa (la) ....   lugar (el) ....

justicia (la) ....   lujo (el) ....

lujoso, a ....

luz (la) ....

madre (la) ....

maestro (el) ....

mal (el) ....

malo, a ....

mandar ....

manera (la) ....

manga (la) ....

mano (la) ....

mañana ....

mar (el) ....

marcharse ....

marido (el) ....

más ....

matar ....

mayor ....

mejor ....

melancólico, a ....

menos ....

mentir ....

mequetrefe (el) ....

merecer ....

meter ....

mezcla (la) ....

miedo (el) ....

mientras ....

mirar ....

mísero, a ....

misterio (el) ....

misterioso, a ....

mitad (la) ....

molestar ....

monstruo (el) ....

montaña (la) ....

monte (el) ....

morir ....

mostrar ....

motivo (el) ....

moverse ....

movimiento (el) ....

muerte (la) ....

muerto, a ....

muestra (la) ....

mujer (la) ....

mundo (el) ....

música (la) ....

músico (el) ....

muy ....

nacer ....

nacimiento (el) ....

natural ....

naturaleza (la) ....

necesidad (la) ....

necesitar ....

necio, a ....

negar ....
no ....
noble ....
noche (la) ....
nombrar ....
nombre (el) ....
nube (la) ....
nuevo, a ....
nunca ....
obedecer ....
obediencia (la) ....
obligar ....
obra (la) ....
ocasión (la) ....
oculto, a ....
ofender ....
ofensa (la) ....
oír ....
ojo (el) ....
olvidar ....
orden (el) ....
ordenar ....
organizar ....
origen (el) ....
original ....
oscurecer ....
oscuridad (la) ....
oscuro, a ....

pacífico, a ....
padre (el) ....
país (el) ....
pájaro (el) ....
palabra (la) ....
palacio (el) ....
palo (el) ....
papel (el) ....
parar ....
parecer ....
parte (la) ....
parto (el) ....
pasado (el) ....
pasar ....
patria (la) ....
pecho (el) ....
pedir ....
pelea (la) ....
peligro (el) ....
pena (la) ....
pensamiento (el) ....
pensar ....
peñasco (el) ....
pequeño, a ....
perder ....
perdón (el) ....
perdonar ....
permiso (el) ....

permitir ....

persona (la) ....

pesar ....

pez (el) ....

pie (el) ....

piedad (la) ....

piedra (la) ....

piel (la) ....

pierna (la) ....

pisar ....

placer (el) ....

pobre ....

pobreza (la) ....

pócima (la) ....

poco, a ....

poder ....

poderoso, a ....

poner ....

portarse ....

posible ....

predecir ....

preguntar ....

premio (el) ....

preocupar ....

preparar ....

presagio (el) ....

presentar ....

preso (el) ....

pretender ....

primo, a ....

principal ....

príncipe, princesa ....

principio (el) ....

prisión (la) ....

prisionero, a (el, la) ....

privar ....

privilegio (el) ....

problema (el) ....

profundo, a ....

prohibido, a ....

prometer ....

pronosticar ....

pronóstico (el) ....

pronto ....

propio, a ....

provocar ....

próximo, a ....

prudente ....

pueblo (el) ....

puerta (la) ....

punto (el) ....

puñal (el) ....

quedar ....

queja (la) ....

quejar ....

querer ....

quieto, a ....

quitar ....

quizá ....

rabia (la) ....

rápido, a ....

ratón (el) ....

razón (la) ....

real ....

realidad (la) ....

rebelarse ....

rebelión (la) ....

recibir ....

reconocer ....

recordar ....

recuperar ....

regalo (el) ....

regresar ....

reinar ....

reino (el) ....

religión (la) ....

remedio (el) ....

rendición (la) ....

representar ....

respetar ....

respeto (el) ....

responder ....

respuesta (la) ....

resto (el) ....

retirar ....

retrato (el) ....

revelar ....

rey (el), reina (la) ....

rico, a ....

río (el) ....

riqueza (la) ....

robar ....

roca (la) ....

rodear ....

rogar ....

romper ....

ropa (la) ....

ruego (el) ....

ruido (el) ....

saber ....

sabiduría (la) ....

sabio, a ....

sacar ....

salir ....

salón (el) ....

salpicar ....

salvaje (el) ....

salvar ....

sangre (la) ....

santo, a ....

secreto, a ....

seguir ....

seguro, a ....

sentenciar ....

sentido (el) ....

sentir ....

señal (la) ....

señor, -a (el, la) ....

ser ....

serio, a ....

servir ....

siempre ....

siglo (el) ....

significar ....

signo (el) ....

silencio (el) ....

sino (el) ....

situación (la) ....

soberbio, a ....

sobrino, a (el, la) ....

sol (el) ....

soldado (el) ....

soltar ....

solución (la) ....

sombra (la) ....

soñar ....

sordo, a ....

sorprender ....

sublevado, a ....

suceder ....

sueño (el) ....

suerte (la) ....

sufrimiento (el) ....

sujetar ....

súplica (la) ....

tambor (el) ....

tan ....

tapar ....

tarde (la) ....

temblar ....

temer ....

tempestad (la) ....

tenebroso, a ....

tener ....

terminar ....

terrible ....

tiempo (el) ....

tierra (la) ....

tío, a (el, la) ....

tiranía (la) ....

tirano, a (el, la) ....

tirar ....

tocar ....

todavía ....

tomar ....

tontería (la) ....

toro (el) ....

torre (la) ....

traer ....

tragedia (la) ....

trágico, a ....

traición (la) ....

traicionar ....

traidor, -a (el, la) ....

tratar ....

triste ....

tristeza (la) ....

trono (el) ....

tumba (la) ....

último, a ....

único, a ....

valiente ....

valor (el) ....

varón (el) ....

vasallo (el) ....

vela (la) ....

vencer ....

venganza (la) ....

vengar ....

venir ....

ventana (la) ....

ver ....

verdad (la) ....

vestido, a ....

vestir ....

vez (la) ....

victorioso, a ....

vida (la) ....

viejo, a ....

villano, a ....

violento, a ....

vivir ....

vivo, a ....

volver ....

voz (la) ....

NOTAS

....

....

....

....

....

....

....

....

....

....

....

....

....

....

....

....

....

....

....

....

....

....

....

....

....

Títulos de la colección

Nivel A2

El Lazarillo de Tormes. *Anónimo.*
La gitanilla. *Miguel de Cervantes.*
Fuenteovejuna. *Lope de Vega.*
Don Juan Tenorio. *José Zorrilla.*
El estudiante de Salamanca. *José de Espronceda.*
Sangre y arena. *Vicente Blasco Ibáñez.*

Nivel B1

Cantar de Mío Cid. *Anónimo.*
La Celestina. *Fernando de Rojas.*
La vida es sueño. *Calderón de la Barca.*
La Regenta. *Leopoldo Alas «Clarín».*

Nivel B2

Don Quijote de la Mancha I. *Miguel de Cervantes.*
Don Quijote de la Mancha II. *Miguel de Cervantes.*